칼국수 한 그릇의 행복

칼국수 한 그릇의 행복

김 영 기 제2시집

혼자 가는 길이 아니고 둘이 함께 헤쳐 나가는 길
진정한 사랑을 가슴에 품고서
무엇인가를 채워나간다는 기쁨일 것이다

도서출판 천우

● 시인의 말

정년퇴직 후에 다시 일을 시작한
대한노인회 영주시지회에서도
바람같이 지나간 8년이란 시간!
직장과 사회생활 그리고 집안일에 파묻혀
어떻게 시간이 흘러갔는지 모른다.
보람과 성과도 있었지만 아쉬움과 미련은 물론 후회도 많다.
그간 생활 속에서 크고 작은 내 몫의 많은 짐 때문에
무거운 어깨를 좀 펴 보고 싶다.

지금까지 문학에 한쪽 발만 담그고 주변만
서성거리다가 중심과는 먼 거리에 서 있다.
나는 아직 글공부가 미흡하고 재주가 부족하여
너무 형이상학적이거나
몇 번을 읽어도 이해가 어려운 시는 쓸 줄을 모른다.
그동안 구석구석 버려져 숨어 있던 졸문을 모아 정리하여 보았다.

이제 내년이면 인생 답보 칠십 년 세월
앞으로 어디에서 무엇을 어떻게 해야 할지 모르겠다.
오늘 눈부신 노을을 바라보며 서천 강가에 멍하니 서 있다.
저 석양처럼 아름답게 남은 인생 마무리하고 싶다.

2024. 3.

오헌(吾軒) 김 영 기

제1부
새해 첫날

● 시인의 말

새해 첫날 __ 13

갈대 __ 14

달성호에서 __ 15

우수雨水 __ 16

새봄의 미소 __ 17

봄 마중 __ 18

어느 여름날 오후 __ 19

귀뚜라미 __ 20

가을 연가 __ 21

입동立冬 __ 22

파도의 섬 __ 23

바다 __ 24

동반자 __ 26

제2부

빨래

더 늦기 전에 _ 29

자식이란 _ 31

오늘의 화제 _ 32

부모님 마음 _ 33

칼국수 한 그릇의 행복 _ 35

결혼 40주년 _ 37

아내 _ 39

당신의 생일날 _ 40

빨래 _ 42

울지 마세요 _ 43

굶던 날 _ 44

철길 _ 45

뒷집 송 씨 아저씨 _ 46

제3부

4월! 봄의 울음

4월! 봄의 울음 _ 51

낙조落照 _ 53

칠월 칠석 _ 54

한가위 보름달 _ 55

가을을 떠나보내며 _ 56

깊은 가을밤 _ 57

동경憧憬 _ 58

나의 마음 _ 59

추억의 그 바다 _ 60

먼 훗날 _ 61

첫눈 _ 62

눈 내리는 연말에 _ 63

코스모스 _ 65

제4부

삶은 달걀 한 개

삶은 달걀 한 개 __ 71

추석 성묫길 __ 72

봄 타네 __ 73

진달래 __ 75

아카시아꽃 __ 76

능소화 __ 77

비가 오는 날이면 __ 78

바다와 함께 __ 79

세월 탓 __ 80

죽령竹嶺 __ 81

인생 정신병 환자 __ 82

기본을 바로 세우자 __ 83

정치인들 __ 85

제5부
나의 별

나의 별 __ 89

내 사랑으로 __ 90

봄은 사랑의 계절 __ 91

열병 __ 93

외사랑 __ 94

변덕 __ 95

우리의 사랑은 __ 97

종착역 __ 98

보름달 사랑 __ 99

매듭 __ 100

당신만 바라보면 __ 102

아낌없이 주는 사랑 __ 103

임들이여! __ 104

● 해설
  바쁜 삶의 의지와 순수성에서 오는 정체성 / 박영교 __ 105

제1부

새해 첫날

새해 첫날

바람이 불고 지나가면
또 새바람이 불어온다

푸른 하늘일수록
높아 보이지만
하얀 눈보라가 칠 때는
하늘도 우리 손에 잡힌다

오늘 아침 거울을 보았더니
아직도 한창인 마음은 뵈지 않고
젊음은 어디로 갔는가?
시간에 쫓기면서 여기까지 왔다

노인들이 많다고
한탄하는 소리가 나지만
이 시대 이 땅을 지켜온
내 지난날을 생각하며
푸른 오늘을 살란다.

갈대

갈꽃이 허옇게 말을 건넨다
언제까지
머리 허옇게 살아남겠나?

너도 모르게 바람이 지나가면
바람 불어가는 쪽으로 머리를 숙인다

꽃 지고
깊어져 가는 가을에도
너는 꽃을 피우고 있네

거친 바람에 다 고개 숙이고
다 떠나고 없어도 허연 겉대라도
손을 흔들고 있겠노라
약속하고 있겠지

달성호에서

가을 달성호 타고 떠나는 마음은
대구의 꿈을 싣고 떠나는 거다

비슬산
단풍 물결 강정보 돌아 나오는
보이지 않는 물속 수많은 고기 떼

고령군
다산면이
섬으로 떠오르네.

금호강 습지에서 손 흔드는
갈대꽃들
희끗희끗한 회색 이마

사문진 나루터에서
배를 타고 낙동강 굽이돌아
나서는 뒷모습을 보며

다시 떠나오는 나룻배 속에서
구슬피 들려오는 노랫가락이
더욱더 구성지다.

우수雨水

그동안 겨울은 너무 길고 추웠다
이젠 움츠렸던 겨울을 좀 밀어내자

봄비 내리는 오늘
너무 세차게 내리지 말고
봄비답게 부슬부슬 내려다오

사랑했던 그 분의 눈물처럼 내려다오
멍든 내 가슴 치유되도록 내려다오

온종일 하염없이 봄비가 내린다
축축이 젖은 허공에다 상념을 던져보지만
오늘은 우수憂愁
봄은 아직도 부재중

새봄의 미소

입춘도 지나 우수이다
겨울인지 봄인지도 모르는
꽃샘추위가 몰려온다

그래도 정들었던 겨울이 아쉬운가
기나긴 추위에
잔뜩 움츠러들었던 우리들 가슴
밤사이 찾아온 손님 춘설春雪이 희다

얼어붙은 우리들 가슴속을
간지럽게 두드리는 새봄의 미소

저 멀리 끝없는 설원을 달리던
바람은 떠나가고
그리운 새봄이
미소로 다가오고 있다.

봄 마중

지금 봄이 오고 있는 중
아직은 눈에 잘 보이지 않지만
가슴으로 느끼고 있습니다

나뭇가지마다 생기가 돌아
꽃눈 촉 틔우고
햇살이 이슬 머금고 웃으면서
어느 꽃눈에 고백할지 궁금합니다.

봄이 오는 먼 발걸음 소리에
마음이 두근거리고 있습니다
겨울의 어두운 추위가 가고
봄빛 새벽이 오면
나도 어떻게 고백해야 할지
마음만 들떠 있습니다

오늘은
꼭 그 임이 오실 것만 같아
봄 마중하러 가렵니다.

어느 여름날 오후

폭염경보가 연일 계속되고
뜨거운 태양이 작열한다

오늘따라
솔바람도 뭉게구름도 한 점 없는
여름날의 한낮
텅 빈 도시가 펄펄 끓고
조용한 시내가 적막이 감돈다

누렇게 지쳐버린 풀과 나뭇잎들
숨이 가빠 헉헉거린다
개미들은 떼를 지어 어디론가
고난의 행군을 시작하고
힘빠진 잠자리는 한가롭게
너울너울 날아다닌다

제철 만난 수컷 매미 한 놈
가로수 꼭대기에서 목청을 드높인다
잠시 후 여기저기서 떼창을 시작한다
우리 말 좀 들어보라고
맴맴 매앰 맴맴맴 매앰 매앰──

동네가 시끌벅적하다

귀뚜라미

깊은 가을밤 고요한 장막을 깬다
애절한 목소리로
언제나 못난 얼굴 감추고
고독한 심정을 하소연한다

뜨르르
뜨르르
섬돌 밑에서 우는 너는
이 가을 저무는 날에

수줍어
수줍어
기나긴 밤
은실을 하염없이 뽑는구나

조마조마
숨고 숨어서 마음을 달랜다.

가을 연가

용암산 시루봉은 용수사를 품고
아늑한 봉암들은 가을 석양을 품었네

저녁노을 내려앉은 시골 주막
오랜 벗과 막걸리 한잔 기울이니
왜 그리도
지나간 세월이 그립고 아쉬운가

석양에 가을바람 스치니
우뚝 솟은 노송은
고개를 흔들며 속삭이듯 말하네
아직도 인생이 무엇인지 모르겠다고

우린 말없이
또다시 술잔을 권하고 있네

입동立冬

그 아름답던 오색 단풍도
낙엽이 되어 황량하게 흩날리고
간다는 말 한마디 없이
그렇게 가을은 떠나고 있다

차마 떠난다는 인사를
할 수 없을 만큼
이별이 서러웠던가 보다

애련하게 떠나가는 가을은
동구 밖 저만치서
서성이고 있는데

심술궂은 늦가을 빗속에
얄밉게도 슬며시 숨어들어
겨울을 부른다.

파도의 섬

푸른 하늘 맑은 날은
가슴을 살랑살랑
어루만지며 속삭인다.

잿빛 구름 바람 부는 날은
모질게 후려치고
심하게 울면서 하소연한다

나의 가슴은
항상 너의 눈물로 젖어있고
너는 매일매일
하얀 포말로 온몸을 애무하듯
사랑으로 출렁거렸지

나는 항상 말없이
모든 걸 사랑하고
포용하고 있으며
떨어질 수 없는
인연이라는 걸 알기 때문이다

이제 그만 속 태우고
뭐라고 한마디 해야 하지 않겠는가
침묵만 최선이 아닐 것이다.

바다

무한히 깊고 넓은 너의 마음
그 깊이도 넓이도 무게도 모르고
그 속도 보이지 않고
그 마음도 알 수 없다

너의 마음은
짭짤하고 측량할 수 없음같이
이 세상 온갖 부류의 물질을
가리지 않고 다 받아들이기 때문이다

어느 것도 구별하지 않고
공평하게 다 수용한다
모든 사람이 너와 같고
이 세상이 너와 같았으면 좋겠다

수많은 세월
파도에 가슴 시퍼렇게 멍이 들어도
아무런 내색 없이 하루를 살아가고
수많은 백구가
어디로 떠나가든 관여치 않는
이런 너를 사랑한다

그래서
오늘도 늘 갈망하는
너를 찾아가 홀로 서 있다.

동반자

철길은 평행선
기차를 타고 부딪치지 않고
목적지를 향해 갈 수 있어 좋다

나란히 가는 길
사람 사이사이 좋은 관계
유지하는 본보기

우리가 손잡고 서로 돕고 갈 수 있는
너무 멀지도 가깝지도 않은
너와 나 아름다운 우리
같이 걷는 길이다

오늘도 나란히 걸어간다
언제나 두 손 꼭 잡고
마주 보고 웃는
동반자로 걸어간다.

제2부

빨래

더 늦기 전에
— 아들에게

이제 일어나자
때가 되었다
긴 잠에서 깨어나 새롭게 걸어보자
사나이 젊은 청춘 용기 한번 내보자

지금까지 어리석은 자신을 버려라
뒤는 돌아보지 말고
앞만 보고 달리자
후회하지 말고
이제 제대로 한번 해보자
아직도 늦지 않았다
넌 꼭 할 수 있어

우리 함께 뭐든지 한번 해보자
여기서 이렇게 주저앉기는
한 번뿐인 인생이 너무 억울하잖아
초라하잖아
한심하잖아
비참하잖아
자신에게 정말 미안하잖아

더 늦기 전에
이제 일어서자
뭐든지 한번 시작해보자
넌 꼭 해낼 수 있어

자식이란

초등학교 입학으로 효도 끝
그렇게 잘해 준 것도 없지만
그렇게 못해 준 것도 없다
나름대로 키우느라고 노력했다

벌써 지나온 세월이 삼십오 년
지금은
그렇게 미울 수가 없다
어떤 때는 자식은 애물단지라는
이런 생각도 든다

가끔
밤늦게 귀가하는 날이면
집에 들어왔는지 잘 자는지
방문부터 눈길이 간다

홀로 누워 잠을 청했으나
눈시울만 축축해 온다
그래도
내 업보이고
천륜이거늘!

오늘의 화제
— 자식 걱정

오랜만에 동창 부부 모임에서
자식 걱정이 화제가 되었다
걱정 없는 가정이 없었다
집마다 자식에 대한 취업, 결혼, 사업 등에
대한 이야기가 쏟아져 나왔다

요즘 들어
무자식이 상팔자라는 그 말
어찌 그리 딱 맞는지!

지금
자식을 바라보며 생각하니
가슴속이 까맣게
숯덩이가 되어가고 있다

무자식이 상팔자라는 말
부정할 때 언제쯤 돌아올까?

자식이 있어야 상팔자라는 말
인정하는 날 있을까?

부모님 마음

함박눈 맞은 것처럼
머리가 새하얗다
검은 머리카락은
한 올도 찾아볼 수 없다

얼굴은
검은 점과 주름투성이
손발은
다 갈라지고 굳은살뿐
허리는
활같이 휘었다
어디 그뿐이랴
위장병 관절염 두통 등등
전체가 노환이고 숙환이며
종합병원이다

가끔이나마 찾아뵐 때는
그리도 반기고 얼굴이 환하시더니
돌아서 떠날 때는
창가에 기대어서 슬퍼하며
한참을 내다보고 계신다

돌아오는 길이
왜 이리도 무겁고
가슴이 아리고 아픈가
발등엔 눈물이 뚝뚝 떨어진다

자신은 없고
자식만이 당신만의 삶이 되어버린
그 속울음을
이제야 알게 되었다

칼국수 한 그릇의 행복

부모님을 모시고 자주 방문하는
안동병원 진료를 마치고
집에 돌아오는 길에 점심시간이 되었다.

무엇이 드시고 싶으냐고
승용차 안에서 여쭈었다
대답이 없으셔서 평소 잘 드시는
묵집에 들렀더니 금일 휴업이다.

다시 해물 칼국수 식당으로 모셨다
바지락 해물 칼국수
세 그릇을 식탁에 놓고
창가에 마주 앉았다.

그동안 식사를 제대로 잘 못 드셨는데
두 분이 국물까지 거의 다 비우시고
"아! 잘 먹었다. 너도 얼른 먹어라."
말씀하셨다.
나도 먹다 남은 칼국수
한 그릇을 덩달아 비웠다.

웬일일까?

배는 부른데 마음은 허전하였다.
평소 자주 못 찾아뵙고
식사도 제대로 대접해 드리지 못한
죄책감만 가득했다.

모처럼 큰아들과 함께
칼국수 한 그릇으로
점심을 다 드신
부모님의 웃음 띤 얼굴은
마냥 즐거워 보였다

한 해가 저물어 가는
따뜻한 겨울 햇살이
칼국수가 비워진 세 그릇에
행복 가득 채워졌다

결혼 40주년

오랜만에 멀리 여행을 떠났다
낙조가 눈이 시리도록
아름다운 서해 바닷가

당신과의 만남은 운명이었나
가난하고 못난 사람을 만나
아무 불평 없이 40년이 흘렀다
고맙고 미안하기 그지없다

아름답고 보살님 같은 아내가
이젠 제법 나이가 들어 보이며
초로의 티가 난다
갯바람에 아내의 머리엔
흰 머리카락이 제법 많이 날린다
미안한 마음에 콧등이 시큰거리고
눈시울이 붉어진다
그러나 아직도 변치 않은 것은
순수함 그 자체이다
나에게는 오늘 어느 때보다
존경스럽고 훌륭하게 보인다.

우리는 한동안 말없이
서로 두 손을 꼭 잡고
멀리 석양을 바라보고 있었다
오래된 녹슨 추억들이 되살아난다
석양이 떨어지고 땅거미가 깔린다
두 손은 따뜻해지고
가슴은 뛰기 시작하고
심장은 두근거린다

아내

예전엔
미처 못 느꼈는데
깊어가는 주름 속에 환한 미소
언제나 담담한 얼굴에
넉넉한 여유

하루를 백 년같이
백 년을 하루같이
그 많은 속앓이를
내색 한번 하지 않고
분주하게 일만 하는 아내

한결같이 불도를 다 지키는
부처님 같은 사람
부모 걱정 자식 걱정에
불경을 외우고 또 외우며
부처님을 닮아가는 사람

가슴에 큰 구멍이 뚫렸어도
온 가족을 품에 안고
다독이며 위로하는 사람
잃어버린 꿈을 가슴에 묻어두고
속울음 얼마나 울었을까?

당신의 생일날

사랑이란
지금 그 고질병 때문에 너무나 행복하기도 하고
한편 힘이 들기도 합니다

지금도 처음처럼 변함없이 사랑하고 있습니다
잠시라도 멀어지거나 잊어보거나 떨어지거나
그리고 차갑게 식어 본 적이 없습니다

어떤 때는 왜 이러는 건지 여러 번 생각도 해 보았습니다
그래야만 사랑도 후회 없이 뜨겁게 할 수 있는 것으로 생각했습니다
우리네 인생이란 만남과 선택의 연속이라고 어느 누가 말했습니다
부족한 저를 선택했고 한없이 사랑하는데 마땅하다고 생각합니다

아마도 앞으로 영원히 이 고질병을 치료할 수 없을 것 같습니다
저가 턱없이 부족하고 미흡해서 항상 미안한 마음 뿐입니다
그런데도 항상 애타게 연모하고 있습니다

오늘 당신의 생일을 맞아 진심으로 축하합니다
항상 건강하고 행복한 나날 이어지기를 기도합니다
고맙고 감사합니다
그리고 매 순간 사랑합니다

빨래

아내의 낡은 티셔츠가
봄바람에 펄럭인다
잠시도 쉬지 않고
두 팔을 움직이며
열심히 팔 운동을 하고 있다.

두 아들의 양말들은
푸른 하늘을
바라보고 있다
지치고 젖은 발을
봄 햇살에 말리고 있다.

나의 검은 바지는
맥없이 흔들거린다
바지랑대 기대어
다리 운동을 하고 있다.

주말이면
우리 집 옥상에는
네 가족이 다 모여
따스한 봄 하늘 아래
오손도손
함께 살고 있다

울지 마세요

울지 마세요
아름다운 당신이시여
내가 비록
눈물 흘릴지라도

먼 산그늘이
가을을 드리우고
뒹구는 낙엽들이
내 가슴을 싸늘하게 해
다 식어버린 내 가슴에
불을 지필 자 누구인가

당신은
울어서는 안 돼요
내가 대신 눈물 흘릴 테니까

굶던 날

어린 시절 굶어도 봤다
객지에서 자취하던
학창 시절 굶어도 봤다

그때는 없어서 굶었다
지금은 없어서 굶는 게 아니다
굶는 것도 시대에 따라 다르다
건강하고 날씬해지려고
또는 바빠서 먹기 싫어서
요즘은 굶는 것에도 이유가 다양하다

나는 오늘 일부러 종일 굶어봤다
그때 그 시절의
굶던 날을 생각하면서

철길

일정한 간격의 평행선
멈추지 않고 충돌하지 않고
영원히
함께 걸어갈 수 있어 좋다
그 간격은 모든 사람 관계 유지의
최적의 거리이다

모두가 함께
편안하게 갈 수 있는
세상에서 가장 아름다운
사회적 거리이다

오늘 모처럼
이 길을 한번 걸어 본다
변함없이
녹슬지 않고
궤도이탈 없고
무너지지 않는
사람들 사이가 되는 길이다.

뒷집 송 씨 아저씨

뒷집 송 씨 아저씨는
나보다 열 살이나 위다

봄여름 가을에는
주로 채소 과일 장사
겨울에는
주로 연탄 장사
낡은 트럭으로 온 동네 골목을
평생 누벼왔다

"양파 마늘이 왔어요
싱싱한 채소 과일 사세요
연탄 사러 오세요"
확성기에서 흘러나오는
뒷집 송 씨 아저씨의
구수한 목소리를
이제 더는 들을 수 없다

오래전부터
건강도 좋지 않고 나이가 들어서
하던 일을 그만두었다
지금은 걷기운동이나 하면서

혼자 생활한다
그것이 벌써 십여 년이 다 되었다

부인 조 여사는 아픈 몸으로
오래전부터 서울 가서 지낸다
아들딸 직장 뒷바라지
손주들 돌봐주고 있다

가끔 뒷집 송 씨 아저씨를 볼 때마다
왠지 쓸쓸하고 안돼 보였었다
그러나 나는 요즘
뒷집 송 씨 아저씨가 너무 부럽다
그렇게도 부러울 수가 없다
자식들 다 결혼해서 독립하고
손주들 보는 재미
그 무엇에 견주겠는가.

지금은 나 자신이
너무 한심하고 초라해 보였다
이제껏 인생을 어떻게 살았는지
자식 농사를 잘못했구나
뭐 그리 대단하다고

사회생활에만 몰두하였는지
후회스럽기만 하다

그래도 뒷집 송 씨 아저씨는
가장 중요한 자식들 걱정만큼은
없을 것 아닌가?

제3부

4월! 봄의 울음

4월! 봄의 울음

벚꽃은 흐드러지게 만발했건만
아름다움과 화려함도 잠시
그냥 가만히 두어도
언젠가는 저절로 떨어질 것을
때 이른 비바람 천둥 번개까지
매몰차게 몰아친다.
안타깝구나.

더 견딜 거라고 짐작했건만
그리운 임
먼 길 떠나가시는
어둠이 깊게 깔린 간밤에
꽃비는 하염없이 슬프게 쏟아지고
눈물이 되어 온 대지를 뒤덮었다

고운 임 멀리멀리 떠나보내옵고
너무나 애통하여
가슴이 찢어지는구나

아 아!
울지 마오. 슬퍼하지 마오.
비록 지금 너무 비통하다 하더라도

이제는
울어서도 안 되오
슬퍼해서도 안 되오
꼭 가야만 하는 길이 남아 있으니까

지금부터는 대신
다 울어 주고
다 슬퍼해 줄 테니까요

낙조落照

해 저문 산언덕에
풀냄새 꽃향기는 얼굴을 스치는데
뻐꾸기 울음소리 잔잔히 들리고
눈부시게 아름다운 노을에
하얀 찔레꽃이 화려하다.

잔잔하고도 애끓는
우리의 인연이
아름답게 부서져
붉게 애타는
노을이 되어 스러지는구나.

목이 마른다
그리움에 목이 마른다
아름답던 지난날과
영원히 함께할 그대는
정녕 낙조이던가!

칠월 칠석

오늘은 칠월칠석날
견우와 직녀가 하늘나라에서
일 년에 오직 한번 만나는 날
사랑의 오작교 다리를 놓느라고
까막까치들은
하늘나라로 다 가버렸구나

목동 견우와 옥황상제의 직녀
애끓는 오작교 사랑에 눈물이 나고
일 년에 딱 한 번 만나는 칠석날
시간이나 더디더디 가소서

당신과 난
늘 보고 있고
늘 만나고 있고
잠시라도 헤어지지 않고
곁에 있으니
이것이 진정한
행복이 아닌가!

한가위 보름달

너무나 둥글고 환한 얼굴
화사하고 아름답구나
그 속에서 선녀님 모습이 아른아른
구름 속 지날 때는 숨어버려
숨바꼭질하고 있으니
나무꾼은 안절부절 애달파 하고 있다

밤새 소원을 빌고 빌며
부디 선녀님을 만나게 해달라고
간절히 기도하고 있어
지극한 정성이
하늘을 감동하게 해
천마天馬라도 보내 주려나
두레박이라도 내려 보내 주려나

나무꾼은
선녀님을 너무 애타게
연모하고 있으니
안타깝고 애절하다
아—
한가위 보름달이여!

가을을 떠나보내며

계절은 운명과도 같은 것
발걸음 소리도 없이 다가왔다가
또한 그렇게 사라진다

오늘은 까치도 날아와 울지 않고
구름도 떠나곤 오지 않는다
황량한 가을 들녘에 낙엽만 쌓이고
가버린 세월에 슬픈 마음만 가득하구나

파아란 하늘 가없이
하아얀 구름 속에
눈앞을 가로막는
간절한 마음에 홀로 여위어 간다

꿈속에서 뒤척이던 나는
오늘 아침에 두 눈이 충혈되어 있음은
그렇지 않아도 구슬픈 마음인데
더욱더 가슴속이 아려 오는구나

계절이 오고 가서
세월이 흘러가고
이제 떠나가면
언제 다시 또 돌아올지
심란한 이 심정을 어찌 견디겠는가?

깊은 가을밤

단풍이 추억으로 떨어지고
추억은 낙엽으로 밟히고
낙엽은 바람에 흐릅니다

상현달 높이 뜨고
온 누리가 고요한 밝은 달은
은하수 속으로 항해를 하고
별들은 하나둘
잠이 들기 시작합니다.

이제 자정이 훨씬 지나
이 밤의 마지막 열차인가 봅니다
기적소리도 울리고
깊은 가을밤도 울리고

저 달이 지기 전에
나 또한 잠들어야죠
잠자리에 누워
잠이 들기를 기다립니다

아— 깊은 가을밤이여

동경憧憬

그대여 갑시다
아지랑이 피어오르는 강변에
모래알이 속삭이는
사랑의 밀어를 들으러

그대여 갑시다
녹음이 짙은 고요한 호수가
물새 떼가 나는 아늑한 보금자리로

그대여 갑시다
오색단풍이 물든 깊은 숲속에서
초목들이 노래하는 자연의 품으로

그대여 함께 갑시다
어서 첫눈 내리는 먼 그곳에서
아름다운 단풍잎을 하나 둘
주우려고 가지 않으렵니까?!

나의 마음

휩싸고 도는 담배 연기에
더 깊어지는 고민
내뿜는 연기에 애끓는
나의 마음은 끝이 없구나

그런 나의 마음을
독한 술에 타서 마셔본다
그래도 녹지 않는 번뇌
취하도록 마셔도 더욱 솟아오르는
아마도 영원히 떨쳐버리지 못할
뜨거운 나의 고뇌들

아 어쩌면 좋으리
어찌하면 되리오?

추억의 그 바다

함께 걸었던 배 떠난 그 항구
갈매기 날고 노래하던 그 부두
뱃고동도 울어주던 그 바다

깊은 밤 거센 비바람 속에
희미한 등댓불만 깜빡이는데
항구는 모든 것을 토해내며
짐승처럼 울부짖고
나도 목 놓아 울었다

가슴 속 깊이
희망의 꿈이 넘치는
추억의 그 바다여!

먼 훗날

먼 훗날
추억이 떠오를 때
아름다운 오늘을 기억하리라

다시는 못 올 이 순간
지금까지 걸어온 발자국마다
깊게 새긴 사연들

먼 훗날
추억이 아련히 떠오를 때
아름다운 오늘을 기억하리라

첫눈

눈이 내린다
첫눈이 내린다
오지게도 내린다

하늘이 사람의 행태를 보다 못해
온 세상을 하얗게 덮었다
검고 더러운 것 미움도 원망도
잠시나마 하얗게 변했다

눈이 내린다
한나절 다 내린다
차디찬 겨울을 덮고 또 덮는다

졸다가 깬 새벽하늘 하현달
기지개 켜고 부스스 실눈 뜨며
살포시 웃는다.

눈 내리는 연말에

모두가 얼어붙은 차가운 계절
밤새 도둑눈이 소리 없이 펑펑 쏟아지네.

마음마저 얼어붙은 이른 새벽
저 멀리 동구 밖을 지나
또 골목을 돌아서 담장을 넘어 마당까지
소리 없이 소복 입고 오셨네

간밤에 아무 문자도 없이 오시더니
오늘 아침 한 줄의 카톡도 없이
매정하게 그렇게 떠나가시나요
무슨 연유로 삐지셨나요
따뜻한 커피 한잔하고 싶었는데

올해는 너무 고단했고
내년엔 활짝 웃음꽃이 필는지
하고 싶은 말 물어볼 말 꼭 있었는데

새해에는
정겹고 그리운 희망의 카톡 소리
기다려도 될까요

이른 새벽 싸락눈이 자박자박 내리네요
아침 햇살에 눈물이 되어 흐르는데
한 해가 또 그렇게 떠나가는가 봅니다

나는 기약도 없는
작별을 고했습니다

코스모스

코스모스!
그대는 화려하지도 않고 사치스러운 귀부인도 아닌 수수하게 차려입은 맑고 깨끗하고 우아한 여인이라고나 할까? 이 여인은 너무나 평범한 보통사람입니다. 우리나라 어디를 가나 여름부터 가을까지 볼 수 있습니다. 들이나 산이나 화단에 어디서나 볼 수 있는 점이 특이하다고 하겠습니다.

이 여인은 생활력이 강합니다. 자동차와 사람이 많이 다니는 도로가에 언제나 홀로 서서 짓궂은 꼬마 학생들이 오고 가며 만지고 꺾어도 아무 말 없이 늦가을이 오는 그날까지 끈질기게 살아갑니다. 좋은 환경 나쁜 환경 가리지 않고 주변과 잘 어울려 지내기에 나는 더욱더 좋아합니다.

이 여인과 나는 매우 가까운 사이입니다. 나는 가을이 되면 들로 산으로 이 여인을 찾아 산책한답니다. 오늘도 가을을 만끽하면서 함께 걷고 있답니다. 산들바람에 한들거리는 모습은 그 어느 여인보다도 아름다우며 나와는 떨어질 수 없는 사이입니다. 시간이 흐르는 줄 모르고 함께 지내다 돌아설 때는 애달픈 마음 금할 길 없습니다. 오늘같이 가을 햇살이 따갑게 내리쬐는 날엔 더욱더 마음이 쏠립니다. 보면 볼수록 아름답고 더욱더 보고 싶을 뿐입니다.

이 여인을 아마 나는 영원히 못 잊을 겁니다. 연약한 허리와 가냘픈 목은 어찌나 아름다운지 짙은 안개처럼 나의 시야를 흐려 놓고 맙니다. 밤이면 별님과 속삭이며 낮에는 푸르른 하늘을 바라보고 새소리 벗이 되어 하루를 지내며 마냥 수줍기만 합니다. 그러기에 더욱더 친근한가 봅니다. 세찬 바람에 여윈 몸을 맡기고 흔들리는 애처로운 모습을 바라볼 때면 마음이 안타깝고 가슴 아픕니다. 그러나 쓰러지지 않습니다. 오히려 더 잘 참고 견디어 냅니다. 세상의 거센 풍파와 고난을 겪으면서도 오직 고귀한 하나의 소망을 간직하고 죽는 날까지 자신의 의무를 다할 것입니다. 나는 이런 모습을 진정으로 좋아합니다.

이 여인은 행복합니다. 비록 풍족한 생활은 아닐지라도 그의 얼굴에는 사랑과 애정이 언제나 넘쳐흐릅니다. 눈에는 아침마다 진주 같은 눈물을 머금은 채 청초한 모습입니다. 아침 햇살을 받아 유난히 반

짝이는 눈물은 낙담적인 절망의 눈물이 아니라 환희에 넘치는 기쁨의 눈물입니다. 이 여인을 생각하면서 서산에 초승달 기울고 귀뚜라미 구슬피 울어대는 고요한 밤의 고독을 아십니까? 이런 때면 저는 읽던 책을 덮어두고 한없는 공상의 세계로 나래를 펴고 날아다니다 나도 모르게 깜박 잠이 듭니다.

이 여인은 비 오고 바람 부는 험난한 시련과 깊은 밤의 고독과 세상의 번뇌를 견디며 속세에 물들지 않고 오직 홀로 자신의 책임과 의무를 다하여 왔기에 「순정」이라는 꽃말이 붙여진 것입니다.

이 여인과 나는 서로 순정을 다 바쳐 사랑할 것입니다. 아름답고도 빛나는 사랑 말입니다. 고귀하고도 격조 높은 사랑 말입니다. 나는 지금 너무나 사랑하고 있습니다. 아니 영원히 치유할 수 없는 사랑의 열병을 앓고 있는지 모릅니다.

제4부
삶은 달걀 한 개

삶은 달걀 한 개

어릴 적 학창 시절
소풍 때 창피하여 구석에서
혼자 앉아 점심을 먹었다.

마지막으로
삶은 달걀 한 개
뺏길까 봐 주위를 돌아보고
껍질 벗겨서 먹으려는 순간
아뿔싸!
손에서 떨어져 산비탈로 굴렀다.

어머니의 따뜻한
사랑이 떨어져 굴렀다
순간 눈물이 주르륵 흘렀다
그때의 일이
지금도 잊히지 않는다

칠십이 가까워져 오는데
지금까지도 어머니께
말하지 못하고 있다.

추석 성묫길

바람 한 점 없고
뭉게구름만 한가로이 떠도는
파란 하늘

개울물 소리 따라 고개 넘는 길
이름 모를 갖가지 야생화
저마다 빼죽이 고개 내민다

오늘은 추석 명절
보고 싶은 손자들이 찾아와
행여 만날 수 있을까?
할아버지 할머니가 잠드신 곳
어느새 둥그런 묘소에 선다

저승에서
한없이 기다리다 기다리다
지쳐버린 그 애절한 혼령
무덤가 바위 틈에 홀로 피었다
하얀 구절초로
진보라 산도라지 꽃으로——.

봄 타네

봄비 뒤에 햇살이 내리니
대지는 기지개를 켜고
자꾸 손짓한다
들판에 나들이 나가니
온 세상이 봄 냄새이다.

연둣빛 들판
부드러운 바람결
아름다운 갖가지 꽃들
싱그러운 풀냄새
얼굴을 간질이는 따스한 햇볕
버들강아지 눈뜨는 소리
얼음이 풀려 졸졸 흐르는 시냇물 소리
즐겁게 지저귀는 종달새
추억을 되살리는 가물가물
피어오르는 아지랑이
봄 향기가 아쉬워
한껏 눈에 담고 돌아왔다

냉이 달래 쑥 씀바귀 등
향긋한 봄나물 한 바구니
집안에도 봄 향기가 가득하다

봄 색깔로
준비한 저녁 식사
가는 봄을 가슴 속에
꾹꾹 눌러 담고 있다.

진달래

앞동산에 해마다 찾아오는 너
이른 봄 누구보다도
일찍 어김없이 찾아왔다

어릴 적 나는 너를
무척이나 좋아했지
너를 너무나 닮은 단발머리 그녀가
한 묶음 건네줄 땐
나는 순간 얼굴이 너만큼 붉어졌다

올해도 앞동산에
너는 흐드러지게 만발했다
그녀가 화사한 모습으로
찾아온 것만 같은 착각을 한다

매년 이른 봄만 되면
앞동산에는 그녀의 모습이
아지랑이같이 피어오른다.

아카시아꽃

눈부시게 화창한 오월 어느 봄날
흐드러지게 핀 하얀 모습

온 산등성이 하얗게 물들이고
고요한 산자락 길 향기로 덮어 버렸네

큰 산이 하나 가득 향기에 젖고
행인도 향기에 취해 아득해가네

주렁주렁 숨겨진 사랑
진한 하얀빛 향수

능소화

누구를 그렇게 그리워하며
담장에 기대어서 기다리는가?

언제나 화려한 자태 요염한 모습
땅에 떨어져서도 마지막까지
우아한 그 모습 그대로인가

홀로 임을 그리워하다가
끝내 상사병으로 이별한
그 사무친 한이 담장을 넘어
가냘프게 축 늘어졌구나

궂은날 빗속에서도
정열적이고 도발적인 모습
여느 꽃처럼 시들지 않고
어느 날 갑자기 뚝 뚝 떨어져
한생을 마감하는 의연한 용기와 기개

그 숭고한 모습으로
자신의 지조志操를 지키고 있구나.

비가 오는 날이면

비가 오는 날이면
아내와 난
자주 부침개를 만들어 먹는다

주방 창가에 아내와 마주 앉아
서로 얼굴을 바라보며
김치전 배추전 호박전
손으로 찢어 먹으면서
막걸리 한잔 기울인다.

우리는 그 옛날
그리운 추억을 되살리며
서로 두 손을 잡고
말없이 생각에 잠긴다.

그 추억은
빗방울이 되어 창문에
빗금으로 써 내려간다

바다와 함께

나의 가슴은
바다와 같이 차갑게 얼었다
술을 많이 마셨기 때문일 것이다
나는 세월의 삶 속에 가끔 술을 마셨다

설움 한숨 고독 고통 미움 원망
즐거움 웃음 행복 사랑 희망 등
모두 다 술잔 속에는
세상의 모든 것이 녹아 있는 것 같았다

나의 가슴은
바다와 같이 짜게 절었다
지금까지 살아온 모든 것을 망각하고 싶다

넓고 깊은 검푸른 바다와 함께
다시 시작하고 싶다
저 검푸른 바다가
잠시 쉬어가라고 한다.

세월 탓

세월이 빠른 줄 알고는 있었지만
세월도 지나고 나니 잠깐이요

잡을 수도 없고 잡히지도 않는
세월 탓만 하다가 그렇게 무심한
세월이 점점 흘러가네

삶이란
무엇인가 그런 것인가?

오늘도
또 세월 탓만 하네

죽령竹嶺

굽이굽이 돌아
육십 리 길 고갯마루에
지는 해 걸어 놓고 가끔 지나가는
자동차 소리가 적막을 깰 뿐
흰 구름만 경상도 충청도를
자유로이 넘나든다.

그 옛날
명성 높던 시절
고속도로에 밀려나고
고개 주막엔 달과 별들이 내려와
이야기 꽃피우고 밤을 지새운다.

사과 향기 인삼 내음 그윽한
산마루 우뚝 선 장승은
지난 세월을 품고
세찬 바람에 늙어가고 있다.

인생 정신병 환자

우리 집 앞 2층 병원은
정신 장애인 종합병원

금연 치료 환자 알코올중독 환자
치매 환자
불면증 환자 우울증 환자
조울증 환자 조현병 환자
불안장애 환자 공황장애 환자 등

아침저녁 매일 마주친다
하루는 곰곰이 생각해 보았다

나는 무슨 환자일까
세상살이와 아웅다웅 싸우는
인생 정신병 환자

기본을 바로 세우자

횡단보도 신호등 있으나 마나
차도 인도 뒤범벅 구분도 없다

승차장 새치기 등 교통질서 엉망진창
휴지 꽁초 뒷골목은 쓰레기장
기본질서가 실종된 이 사회
기초생활 질서도 못 지키는 이 나라

뭐든지 공짜면 다 좋고 다 잘한 것이고
세금 내고 부담하는 건 다 싫고 못 하는 것이고
경제성장 앞서면 무엇 하나
조금 잘살면 무엇 하나
막 퍼주면 그만인데
경제위기 언제 닥칠지 불안하다

시위 왕국 불법 난무 무조건
유리하면 다 옳고 불리하면 다 그르고
화합과 단결은 없고 반목과 대결만 있네

무조건 자기 이익 당리당략만 앞세우고
오늘날 정치인들 나라를 생각하는가
그 옛날 사색당파와 다를 바가 무엇인가

이 나라가 희망이 있는가 걱정만 늘어나네
어이타 이 지경인가
삼천리 금수강산이

정치인들

선거 운동 기간에는 두 손을 꼭 잡고
머리와 허리를 구십 도 가까이 숙이고
무엇이든지 열심히 하겠다고
한 번만 밀어 달라고
한 표만 부탁한다고

당선되면 다 잊어버리고
목도 허리도 뻣뻣해지고
그때의 각오는 다 어디 가고
어깨가 일자로 펴진다
자고 나면 싸움판 막말 난장판
국민은 안중에 있는가
진정 나라는 생각하는가

정치인들이여
특권을 내려놓는 것은 고사하고
국민은 자기 위치에서
직분을 다해 주기를
바랄 뿐이다.

제5부
나의 별

나의 별

석양이 밀물처럼 다가올 때
나는 다시 돌아와야 하는
슬픈 숙명을 진다

크게 또는 작게 일렁이는
파도의 춤사위
내일이면 다시 갈 길을

알알이 승화한 사랑의 별들
이제 목 놓아 흐르는 시간이어라
어둠이 바다처럼 출렁이는데
이슬 머금은 너의 눈동자

어둠에 반짝이는
사랑에 목마른 나의 별
슬픔을 참고 있다.

내 사랑으로

예나 지금이나
언제나 사랑은 공존합니다

기쁘나 슬프나
어디서든 사랑은 늘 가득합니다
아름다운 인생 때문에
구슬픈 인생 때문에
언제나 사랑은 늘 가득합니다.

내가 살아 있는 한
당신과 함께 항상 사랑은 있습니다

일상의 생활 그 속에서도
어느 날 당신을 사로잡았습니다
앞으로 영원히 당신을 사로잡을 것입니다

내 사랑으로 말입니다

봄은 사랑의 계절

봄! 봄입니다
희망찬 봄이 찾아와 온갖 꽃들이 피어날 때
그때 내 가슴속엔 사랑이 움트기 시작하였네
사랑의 봄이 찾아와 온갖 새들이 노래할 때
그리운 사람의 손목을 부여잡고
불타는 이 심정을 호소하였네

화초들은 그대 눈동자처럼
알알이 맺힌 빛나는 이슬을 머금고
휘휘 늘어진 수양버들 가지에
아침 까치 우는 소리
그리운 임 소식이 기다려지네

밤새워 꿈속에서 헤매다가
찬란한 해가 떠오르고
봄바람에 먹구름은 산을 돌아 달아나고
솜구름이 뭉게뭉게 피어나면
봄 하늘에 신록은 짙어만 가다

대지에 보슬비가 촉촉이 내리면
만물은 생명의 약동감에
마냥 부푼 꿈에 설레는 듯

그대가 마냥 좋아 매혹에 못 이겨
그리움에 속만 타는구나
봄비 소리는 귓전에 맴돌다 스치고
창을 두드리는 사랑의 연가

오늘도 긴 봄날은
저물어 하루해는 넘어가고
봄비가 내리다가 그쳤다가
흐리다가 해가 났다가
바람이 불다가 조용하다가
내 마음도 봄날처럼 안절부절
심란한 까닭은 무엇입니까?

열병

그대는 너무 잔인하게
나의 마음을 송두리째 빼앗아 갔소
그대를 생각하지 않고서는
단 하루도 일어설 수 없고
내가 무너지고 있소

그대를 향한 애끓는 마음을
억누를 길 없어
밤낮으로 온통
그대 생각뿐이라오

나는 지금 아마도
영원히 깨어나지도 못하고
치유할 수도 없는 너무 심한
사랑의 열병을 앓고 있는 것 같소

사랑은 풀기 어려운 방정식
오직 그대의 사랑만이
필요한 것 같소

외사랑

사랑한다고 표현하여도
그 사랑을 모르는 임이시여
뜨거운 마음 보내도
그 열기를 못 느끼는 임이시여

맺을 수 없는 사랑인가
왜 그 생각을 못 했을까
사랑은 고질병이라는 것을

사랑은 그리움이고
기다림인가 보다
끝이 안 보이는 저 먼 곳에서
그리운 임이
오실 것만 같다

변덕

사랑은
늘 변덕이 심한가 보다
때로는 너무 뜨거워
옷을 벗게 해놓고 나서
때로는 느닷없이 추워져
옷을 입어도 덜덜 떨게 하고
싸늘하게도 하는가 보다

사랑이란
너무 뜨겁거나 아니면 재빠르게
잎보다 먼저 대뜸 꽃을 피웠다가
활짝 필 겨를도 없이 꽃샘추위에 당해서
스러지기도 하는가 보다

진정한 사랑은
갑자기 덜렁덜렁 오지 않고
봄처럼 어느 날 올 듯 말 듯
멈칫멈칫 오는가 보다
그래서 더욱 간절하고
애절한 것이 아닐까

그런 사랑의 변덕을

탓하지 말고 새봄을 기다리듯
좀 느긋하고 끈기 있게
기다리다 보면 어느 날엔가는
완연한 봄 햇살에
피어오르는 아지랑이처럼
무르익은 사랑을 이루는가 보다

우리의 사랑은

사랑의 가치는 절대
측량할 수 없는 것
바다는 메워도 사랑의 욕심은
못 채우는 것일까

지난밤 이지러진 달빛처럼
희미한 빛깔을 뿜으며
당신의 포근한 가슴을 두드리고
오늘 새벽은 별빛을 헤아려 보며
조용히 가슴을 열어 본다

이제 홀로 산다는 것은
생각조차 하기 싫다
온 마음과 온 힘으로
당신을 사랑한다
우리의 사랑은
두 몸의 한 영혼이다
이 순간을 묶어놓고 싶다

종착역

초가을의 문턱에 서서
아름다운 추억의
뜨거운 여름을 떠나보낸다

가슴을 졸이고 설레게 하던
지난 뜨거운 여름
숨 가쁜 생활 속에서
심한 통증을 씹고
갈증을 느껴야만 했다

이제 한 가닥
이상의 부푼 꿈
나래를 활짝 펴며
이름 모를 들꽃 향기를
품은 당신에게
뜨거운 체온을 아낌없이 주련다

그대는
내 마음의 영원한
종착역

보름달 사랑

화려하지도 않고
천박하지도 않은
맑은 밤하늘에
떠오르는 보름달
방긋 웃는
달님 걸고 맺은 사랑

저 보름달을 보며
두 손을 잡고
속삭이던 그 말
"사랑의 보름달"
하얗게 맑은 그 마음

항상 잊지 않으리
진실한 사랑을
까마득한 먼 날이라도
차마
저 보름달을 두고
내 어이 잊으랴!

매듭

사랑은 운명과도 같은 것
오래전 어느 봄날
소리 없이 찾아와서
살포시 나의 품에 안겼구나

세상에서 가장 귀한 것이
사랑이 아니던가?
늦게 맺은 사랑
좀 일찍 찾아왔다면
가슴 속앓이나 덜했을 것을

그렇게 찾아온 사랑
영원히 떠나지 못하게
사랑의 매듭을 풀 수 없게
꼭꼭 홀쳐 맬 것이다
서로 사랑을 주기만 한다고
섭섭해 하지 말고
더 많이 사랑할 수 없음을
안타까워해야 할 것이다

사랑은 먼 훗날
과연 무엇을 남길 것인가

사랑이란 진정 무엇이란 말인가
둘의 가슴에 새로운 관계를
형성하는 과정
혼자 가는 길이 아니고
둘이 함께 헤쳐 나가는 길
진정한 사랑을 가슴에 품고서
무엇인가를 채워나간다는
기쁨일 것이다.

당신만 바라보면

당신만 바라보면
할 말을 못 하고 다 잊어버리고
그 마음 들킬까 봐
당신의 넓고 큰 가슴에 파묻히고 싶습니다

당신만 바라보면
너무 아름다워
그냥 그렇게
당신 등 뒤에 숨고 싶습니다

당신만 바라보면
안아 주지 않을 것 같아
먼저 당신을 살며시 안고 싶습니다

당신만 바라보면
그 향기가 내 마음을 흔들어
당신에게 푹 빠지게 합니다

당신만 바라보면
세상 온갖 시름도 두려움도 없어지고
참 편안하고 행복합니다

아낌없이 주는 사랑

연녹색의 봄 산천은
산수유 개나리 산 벚나무 등
이름 모를 갖가지 꽃으로 만든
색동옷을 갈아입고

연분홍 진달래꽃에
붉게 취해버려
푸른 하늘 넓은 이불 삼아
누웠구나

한없이
주기만 하는 자연처럼
우리도
아낌없이 주는 사랑을
가슴속에 품어보자

임들이여!
— 노인회를 떠나면서

함께 박장대소했던 그 순간들이 행복했습니다

함께 고민했던 그 시간이 잊혀지지 않습니다

함께 안타까워했던 그 나날들이 그립습니다

함께 열심히 일했던 그 때가 즐거웠습니다

함께 생활했던 그 세월이 너무 생각나고 아름다운 추억이었습니다

함께 슬프고 괴로워했을 때는 미안하고 안타깝고 가슴이 아팠습니다

함께 커피 한잔 마시며 수다 떨고
    퇴근길 길모퉁이 소주방에서 울분을 토하고
    골목길 노래방서 가슴 터지게 외쳐대던
    모습들이 두 눈에 아련합니다

함께 부대낀 크고 작은 사연들
    좋은 인연으로 영원히 가슴속 깊이
    고이 묻어 두겠습니다
    임들이여!

● 해설

바쁜 삶의 의지와 순수성에서 오는 정체성

박 영 교
(시인 · 전 한국문인협회 이사)

　한 시인이 창출創出해 내는 작품은 그 시인의 삶의 전부全部이며 그 결정체結晶體라고 할 수 있다. 왜냐하면 그 작품 속에는 은연중에 녹아 흐르는 그만이 가지고 있는 정체성(identity)을 지니고 있기 때문이다. 우리는 어떤 책을 구입하면 먼저 저자著者가 쓴 자서自序나 서문序文부터 읽어본다. 그 저자가 이 책을 출간하는 전체적全體的인 의도意圖를 파악하고 본문을 읽으면 작품을 이해하는 데 도움이 되기 때문이다.
　시인의 삶은 자기 자신의 희생犧牲으로 비춰지기도 하고 때로는 사회의 일원으로 헌신獻身 봉사奉仕하는 정신적精神的 노동勞動으로 여겨질 수도 있다. 또한 사기 성찰省察과 참회懺悔의 의지意志로 표출될 수도 있는 것이다. 어쨌든지 작품은 우리 독자讀者들 마음속에 정화작용淨化作用이 일어나야 그 가치가 있는 것이다.

시인은 독자들에게 살아있는 문학인임을 보여주어야 한다. 이를 증명해 보이는 방법적인 문제는 시인이 좋은 작품 즉, 독자들이 함께 공감할 수 있는 작품을 꾸준히 써서 발표하는 것이다. 또 그것은 문학인의 의무이기도 하다. 문학가는 발표할 작품이 빈약하지 않도록 꾸준히 공부하며 노력해야할 것이다.

　시인이 시의 세계를 펼쳐갈 때는 긍정적인 마인드가 필요하다. '우울한 사람은 과거에 살고, 불안한 사람은 미래에 살고, 평안한 사람은 현재에 산다.'[1]고 한다. 하루를 살아도 평화롭게 밝은 마음으로 내일을 소망하며 살아가는 작가여야 한다. 한 시대에 시인의 사상이나 이념이 사회나 국가에 끼치는 영향이 크기 때문이다. 이 또한 시인이 해야 할 몫이라고 생각한다.

　시인이 아무리 좋은 소재를 가졌다 하더라도 그것을 작품화하지 않으면 시가 될 수 없고 시인도 아닌 것이다. '가지 않으면 이르지 못하고, 하지 않으면 이루지 못한다. 아무리 가깝게 있어도 내가 팔을 뻗지 않으면 결코 원하는 것을 잡을 수 없는 것.'과 무엇이 다르겠는가?

　김영기 시인의 작품을 읽어보면 '바쁜 생활 속에서도 열심히 작품 활동을 하고 있었구나. 노력하는 시인이구나.'하는 놀라움을 감출 수 없다. 전 5부로 된 작품 속에는 시인의 아픔과 어려움과 슬픔과 눈물이 함께 공존하고 있음을 인정한다. 그는 늘 말없이 묵묵하게 자신의

---

[1] 노자(老子), 『도덕경』에서

갈 길을 가는 노력하는 시인이라서 마음 든든하다.

김영기 시인의 작품을 들여다보자.

    바람이 불고 지나가면
    또 새바람이 불어온다

    푸른 하늘일수록
    높아 보이지만
    하얀 눈보라가 칠 때는
    하늘도 우리 손에 잡힌다

    오늘 아침 거울을 보았더니
    아직도 한창인 마음은 뵈지 않고
    젊음은 어디로 갔는가?
    시간에 쫓기면서 여기까지 왔다

    노인들이 많다고
    한탄하는 소리가 나지만
    이 시대 이 땅을 지켜온
    내 지난날을 생각하며
    푸른 오늘을 살란다.

              —「새해 첫날」 전문

사람이 살아가는 길에는 여러 가지 이야기도 있고 날 같지 않는 말도 돌고 있을 때가 있다.

지금 새해 첫날, 시인의 마음은 아직도 한창인데 겉모습은 이미 젊음을 벗어났다. 누가 노인이 되고 싶었겠는가? 누구나 열심히 살다보면 저절로 노년에 접어드는 것이다. 그러면서 지금 우리나라의 현실을 떠올려보고 있다.

 시인은 노인인구가 많다는 상황을 매스컴에서 떠들고 있지만 지금까지 살아온 시인 자신의 삶을 생각하면서 이 땅을 지켜오고 이 시대를 만들어 온 것은 노인들의 힘이라고 믿는다. 그것을 위안삼고 오늘을 당당하게 살고자하는 시인의 용기가 돋보인다.

> 갈꽃이 허옇게 말을 건넨다
> 언제까지
> 머리 허옇게 살아남겠나?
>
> 너도 모르게 바람이 지나가면
> 바람 불어가는 쪽으로 머리를 숙인다
>
> 꽃 지고
> 깊어져 가는 가을에도
> 너는 꽃을 피우고 있네
>
> 거친 바람에 다 고개 숙이고
> 다 떠나고 없어도 허연 겉대라도
> 손을 흔들고 있겠노라
> 약속하고 있겠지
>
> ―「갈대」 전문

시인은 갈대를 생각하면서 자신의 일들을 생각해 본다. 언제까지 머리 허옇게 하고 살아가야 하는가? 스스로 자문자답해보는 것으로 보여진다.

살다보면 마음대로 되지 아니하는 일들도 있고 일을 하다보면 본의 아니게 바람 부는 쪽으로 고개를 숙이고 살아갈 때가 있는 것이다. 그러나 자존심이 강한 사람들은 때로는 바른 말을 할 때가 있다. 이 바른 말이나 쓴소리로 따지는 사람은 위로부터 내쳐지는 경우가 있다. 갈대는 이럴 때도 저럴 때도 잘 적응하는 사람에 비유된다. 지조도 없이 살아남은 속빈 허연 겉대가 되는 것이다. 늦가을이 되어 다 떠나고 없는 계절에 너만 이렇게 허연 겉대가 되어 늦게까지 손을 흔들고 흰머리 고개를 조아리고 있겠노라 하겠는가?

깊은 가을밤 고요한 장막을 깬다
애절한 목소리로
언제나 못난 얼굴 감추고
고독한 심정을 하소연한다

뜨르르
뜨르르
섬돌 밑에서 우는 너는
이 가을 저무는 날에

수줍어
수줍어

> 기나긴 밤
> 은실을 하염없이 뽑는구나
>
> 조마조마
> 숨고 숨어서 마음을 달랜다.
>
> ―「귀뚜라미」 전문

갈대에 이어 가을밤과 어울리는 야행성인 귀뚜라미를 불러낸다. 수없이 많은 사연을 가지고 세상을 살면서 섬돌 밑에 숨어서 그 사연을 호소하겠는가?

얼굴을 들어내지 않고 애절한 목소리만으로 울부짖는 것 보니 못생긴 모습을 보이지 않는 것이라고 시인은 또 생각한다. 수줍어서 그렇지 않겠나하는 마음으로 털어보면서 긴긴밤에 넉넉한 마음을 열어 놓는다. 뜨르르 뜨르르 은실을 푸는 우는 목소리로 가을의 정취도 북돋운다.

> 그 아름답던 오색 단풍도
> 낙엽이 되어 황량하게 흩날리고
> 간다는 말 한마디 없이
> 그렇게 가을은 떠나고 있다
>
> 차마 떠난다는 인사를
> 할 수 없을 만큼
> 이별이 서러웠던가 보다

애련하게 떠나가는 가을은
　　동구 밖 저만치서
　　서성이고 있는데

　　심술궂은 늦가을 빗속에
　　얄밉게도 슬며시 숨어들어
　　겨울을 부른다.

―「입동立冬」 전문

　우리 사람들은 계절이 바뀔 때마다 마음이 어수선 하거나 서글퍼진다. 그래서 사람마다 조금씩 다르겠지만 어느 계절을 더 좋아하는 버릇이 생긴다고 한다. 보통 우리가 얘기할 때는 봄은 여자들의 계절, 가을은 남자의 계절이라고들 한다.

　김영기 시인은 계절이 바뀔 때마다 한 마디 인사도 없이 떠나는 계절이 서러웠던 마음을 털어놓는다. 역시 그는 가을을 좋아하는 시인인가 싶다. '동구 밖에서 가을이 떠나기 싫어서 서성이고 있다.'고 말하는 것 보니 김 시인은 가을의 남자인 것 같다.

　시 속에는 입동이라는 말을 한마디도 쓰지 않고 있지만 '늦가을 비'를 끌어들여서 입동을 표출하고 있음을 독자들은 알고 있을 것이다.

　　철길은 평행선
　　기차를 타고 부딪치지 않고
　　목적지를 향해 갈 수 있어 좋다

나란히 가는 길
사람 사이사이 좋은 관계
유지하는 본보기

우리가 손잡고 서로 돕고 갈 수 있는
너무 멀지도 가깝지도 않은
너와 나 아름다운 우리
같이 걷는 길이다

오늘도 나란히 걸어간다
언제나 두 손 꼭 잡고
마주 보고 웃는
동반자로 걸어간다.

―「동반자」 전문

  동반자同伴者라는 말은 어떠한 행동이나 일을 할 때 짝이 되어 함께하거나 아니면 적극적으로 참가하지 아니하나 그 일에 동감하면서 어느 정도 도움을 주는 사람이라는 것이다.

  김영기 시인은 자신과 함께하는 사람을 평행선을 함께 달리는 철길로 생각하고 있는 것 같다. 철길은 나란하여 끝까지 동행하면서 부딪지 아니하고 늘 곁에 있으면서 조언을 아끼지 아니하는 사람과 같다고 생각하고 있는 것 같다. 늘 함께 있으면서 선을 넘지 아니하면서 조언을 해 주는 자를 의미하는 것이다. 모두가 그런 동반자가 있으면 하고 바라지 않겠는가?

    초등학교 입학으로 효도 끝
    그렇게 잘해 준 것도 없지만
    그렇게 못해 준 것도 없다
    나름대로 키우느라고 노력했다

    벌써 지나온 세월이 삼십오 년
    지금은
    그렇게 미울 수가 없다
    어떤 때는 자식은 애물단지라는
    이런 생각도 든다

    가끔
    밤늦게 귀가하는 날이면
    집에 들어왔는지 잘 자는지
    방문부터 눈길이 간다

    홀로 누워 잠을 청했으나
    눈시울만 축축해 온다
    그래도
    내 업보이고
    천륜이거늘!

                  ―「자식이란」 전문

시인은 자식이 효도하는 길은 초등학교를 끝나면 그것으로 끝이라고 생각한다. 왜 그렇게 생각하는가? 그 이후부터는 자식이 걱정이 되어 부모님의 마음을 아프게 하는 것으로 보는 것이다.

　옛날부터 '품 안에 있어야 자식이다.' 라는 말이 있다. 어릴 때는 부모 품을 떠나지 아니하고 있다는 뜻이라고 생각된다.

　그 이후 자식이 밤늦게 들어오거나 밤에는 방에 불이 꺼져있을 때는 항상 걱정이 되는 것이 부모 마음일 것이다. 누구든지 그런 마음은 보통이지만 커서 직장을 가져도 결혼을 하지 아니하면 또 하나의 큰 걱정이 앞을 가로막고 든다는 것이다. 요즘은 자식도 부모가 어찌할 수 없는 시대인 것 같다.

　김영기 시인의 이 작품 마지막 연에서 한 시어詩語들은 정말로 한 아버지로서 근심스러운 말을 쏟아놓고 있는 것이다.

　　　오랜만에 동창 부부 모임에서
　　　자식 걱정이 화제가 되었다
　　　걱정 없는 가정이 없었다
　　　집마다 자식에 대한 취업, 결혼, 사업 등에
　　　대한 이야기가 쏟아져 나왔다

　　　요즘 들어
　　　무자식이 상팔자라는 그 말
　　　어찌 그리 딱 맞는지!

지금
자식을 바라보며 생각하니
가슴속이 까맣게
숯덩이가 되어가고 있다

무자식이 상팔자라는 말
부정할 때 언제쯤 돌아올까?

자식이 있어야 상팔자라는 말
인정하는 날 있을까?

―「오늘의 화제 - 자식 걱정」 전문

  김영기 시인은 자식에 대해서 걱정하지 않는 것으로 알고 있는데 최근 알고 있기로는 결혼 관계로 아들이 말을 잘 듣지 아니하는 것으로 알고 있다 결혼은 부모가 좋아하는 쪽으로 기울기를 원한다는 생각은 접어야 한다. 부모와 자식 간의 갈등의 고리가 생길 뿐이다.
  결혼은 웬만하면 자식이 하자는 대로 끌려가는 것이 좋은 것이다. 부모가 원하는 대로 욱이다가 보면 두 마리 토끼를 다 놓치는 것을 흔히 볼 수 있다. 아들이 영원히 결혼 안할 가능성과 또 더 이상 배우자 될 사람을 데리고 오지 않는 두려움이다.
  요즘 결혼 풍습도가 많이 달라졌다. 결혼문제 만큼은 부모가 자식에게 지는 것이 이기는 것이 된다. 어쩌겠는가? 살아보지 아니한 자식의 억지를 이길 수 있겠는가?

부모님을 모시고 자주 방문하는
안동병원 진료를 마치고
집에 돌아오는 길에 점심시간이 되었다.

무엇이 드시고 싶으냐고
승용차 안에서 여쭈었다
대답이 없으셔서 평소 잘 드시는
묵집에 들렀더니 금일 휴업이다.

다시 해물 칼국수 식당으로 모셨다
바지락 해물 칼국수
세 그릇을 식탁에 놓고
창가에 마주 앉았다.

그동안 식사를 제대로 잘 못 드셨는데
두 분이 국물까지 거의 다 비우시고
"아! 잘 먹었다. 너도 얼른 먹어라."
말씀하셨다.
나도 먹다 남은 칼국수
한 그릇을 덩달아 비웠다.

웬일일까?
배는 부른데 마음은 허전하였다.
평소 자주 못 찾아뵙고
식사도 제대로 대접해 드리지 못 한
죄책감만 가득했다.

모처럼 큰아들과 함께
　　칼국수 한 그릇으로
　　점심을 다 드신
　　부모님의 웃음 띤 얼굴은
　　마냥 즐거워 보였다

　　한 해가 저물어 가는
　　따뜻한 겨울 햇살이
　　칼국수가 비워진 세 그릇에
　　행복 가득 채워졌다

　　　　　―「칼국수 한 그릇의 행복」 전문

　작품 「칼국수 한 그릇의 행복」, 이 작품은 시집 표제 작품으로 호흡이 좀 길면서 부모님에 대한 내용으로 된 작품이다.
　연세가 높은 부모님은 자주 몸이 불편하셔서 안동병원으로 모시고 내려간다고 했다. 김영기 시인은 효자이다. 그는 항상 말없이 꾸준히 자신이 할 일을 미루지 아니하고 일을 잘 처리하면서도 집안일에도 자식에 대한 일이나 부모님에 대한 일에도 소홀함이 없는 가정적이면서 효성이 지극하다는 평판이 자자하다.
　부모님과 함께 병원에 갔다가 집으로 오면시 점심시간이 되어 부모님께 칼국수를 대접했다. 그 칼국수 한 그릇씩 점심식사를 하고 난 부모님들의 얼굴에는 화색이 돌면서 행복한 얼굴이었다.
　이 작품 마지막 연에서 한 해를 다 보내고 이제 앉아

있는 세 사람이 비운 칼국수 그릇에 가득히 채워지는 햇살이 행복으로 채워지는 것을 보면서 대접한 자식의 마음은 흐뭇해졌다는 것이다.

   이 작품을 읽으면 누구나 부모님에 대한 그리움이 생각날 것이다. 좋은 작품으로 독자들의 마음을 후려잡을 것 같다.

     예전엔
     미처 못 느꼈는데
     깊어가는 주름 속에 환한 미소
     언제나 담담한 얼굴에
     넉넉한 여유

     하루를 백 년같이
     백 년을 하루같이
     그 많은 속앓이를
     내색 한번 하지 않고
     분주하게 일만 하는 아내

     한결같이 불도를 다 지키는
     부처님 같은 사람
     부모 걱정 자식 걱정에
     불경을 외우고 또 외우며
     부처님을 닮아가는 사람

     가슴에 큰 구멍이 뚫렸어도
     온 가족을 품에 안고

다독이며 위로하는 사람
잃어버린 꿈을 가슴에 묻어두고
속울음 얼마나 울었을까?

— 「아내」 전문

　필자는 이 작품을 읽고 시인의 아내인 여인상이 떠올려졌다. 참고 또 참아가며 살아가는 아내, 김 시인은 참 복이 많은 사람이다. 훌륭한 아내, 부처님 같은 아내와 동거 동락하니 참 부러운 삶이다.
　그동안 속앓이도 많이 했지만 불도를 다 지키고 살아온 아내는 부처님을 닮아간다고 했다. 이 얼마나 극찬하는 말인가? 가슴에 큰 구멍이 뚫렸어도 온 가족을 품에 안고 위로하는 자애로운 어머니가 아내다. 자신의 꿈은 묻어두고 살아온 아내였다고 했다. 아내에 대한 사랑과 존경심이 잘 나타난 작품이다.

해 저문 산언덕에
풀냄새 꽃향기는 얼굴을 스치는데
뻐꾸기 울음소리 잔잔히 들리고
눈부시게 아름다운 노을에
하얀 찔레꽃이 화려하다.

잔잔하고도 애끓는
우리의 인연이
아름답게 부서져
붉게 애타는

노을이 되어 스러지는구나.

목이 마른다
그리움에 목이 마른다
아름답던 지난날과
영원히 함께할 그대는
정녕 낙조이던가!

―「낙조落照」 전문

 김영기 시인은 작품 「낙조落照」에서 무엇을 말하고 싶어 하는가? 독자들은 어떻게 생각하고 있을까? 상상해 본다.
 이 작품에서 가장 떠오르는 구절은 '눈부시게 아름다운 노을에 하얀 찔레꽃이 화려하다.'와 '그리움에 지금 목이 탄다.'였다.
 마지막 가는 길을 낙조라고 한다면 시인이 함께해야 할 그 낙조는 아름답게 스러져가는 아픔을 노래하고 있는 것이다. 언젠가는 자신도 스러져가는 낙조이기에 아픔과 그리움에 목이 타는 것이 아니겠는가? 하얀 찔레꽃이 화려한 것도 이제는 마지막으로 떠나는 길을 잘 의미 있게 표현하고 있다.

오늘은 칠월칠석날
견우와 직녀가 하늘나라에서
일 년에 오직 한번 만나는 날
사랑의 오작교 다리를 놓느라고
까막까치들은

하늘나라로 다 가버렸구나

목동 견우와 옥황상제의 직녀
애끓는 오작교 사랑에 눈물이 나고
일 년에 딱 한 번 만나는 칠석날
시간이나 더디더디 가소서

당신과 난
늘 보고 있고
늘 만나고 있고
잠시라도 헤어지지 않고
곁에 있으니
이것이 진정한
행복이 아닌가!

―「칠월 칠석」 전문

 칠월칠석날 견우와 직녀가 일 년에 단 한 번 만나서 회포를 푸는 것을 비유하여 김영기 시인은 자신이 늘 보고 있고 늘 함께 같이 있으니 그것이 행복이라고 했다.
 아내에 대한 애착과 고마움의 선물로 항상 말 못할 일들이 많이 생기지만 그것을 함께 합심해서 아내 사랑을 표현하고 있다. 이러한 아내에게 사랑을 표출해 내는 것은 지금까지 못 다한 모든 아픔과 그리움을 쏟아 부어서 한꺼번에 모아주는 사랑의 근본일 것이다.

그대여 갑시다
아지랑이 피어오르는 강변에
모래알이 속삭이는
사랑의 밀어를 들으러

그대여 갑시다
녹음이 짙은 고요한 호수가
물새 떼가 나는 아늑한 보금자리로

그대여 갑시다
오색단풍이 물든 깊은 숲속에서
초목들이 노래하는 자연의 품으로

그대여 함께 갑시다
어서 첫눈 내리는 먼 그곳에서
아름다운 단풍잎을 하나 둘
주우려고 가지 않으렵니까?!

―「동경童憬」 전문

 작품 「동경童憬」에서는 화자가 누구인지는 나와 있지는 않다. 그 누구라도 좋은 것이다. 친구이거나 사랑하는 사람이거나 아니면 알려지지 아니한 사람이라도 좋은 것이다.
 이 작품은 '그대여 갑시다.'로 시작하는 허두虛頭가 기승 전 결이거나 봄, 여름, 가을, 겨울 등 사계절이라도 좋다. 시의 내용으로 봐서 후자인 것 같다.

아지랑이 피어오르는 강변 모래알이 속삭이는 강변 사랑의 밀어를 듣기위해(봄), 다음은 녹음이 짙은 호수가에(여름), 그 다음은 오색단풍(가을), 마지막으로는 첫눈이 내리는 그곳은 겨울이다.

> 휩싸고 도는 담배 연기에
> 더 깊어지는 고민
> 내뿜는 연기에 애끓는
> 나의 마음은 끝이 없구나
>
> 그런 나의 마음을
> 독한 술에 타서 마셔본다
> 그래도 녹지 않는 번뇌
> 취하도록 마셔도 더욱 솟아오르는
> 아마도 영원히 떨쳐버리지 못할
> 뜨거운 나의 고뇌들
>
> 아 어쩌면 좋으리
> 어찌하면 되리오?

―「나의 마음」 전문

시인의 담배연기를 보면서 아픈 고뇌의 여적餘滴을 생각해 본다. 내뿜는 연기 속에 고뇌가 깔려서 나가면 얼마나 좋겠는가?

담배 연기에도 쓸려서 나가지 않는 고뇌가 독한 술을 마실 때에 함께 쓸려 넘어갔으면 얼마나 좋겠는가? 뜨거운 시인의 고뇌가 이 세상의 모든 일들을 휩쓸고 깨끗이 떠나 줬으면 좋겠다고 생각하는 시인의 마음이다.

>먼 훗날
>추억이 떠오를 때
>아름다운 오늘을 기억하리라
>
>다시는 못 올 이 순간
>지금까지 걸어온 발자국마다
>깊게 새긴 사연들
>
>먼 훗날
>추억이 아련히 떠오를 때
>아름다운 오늘을 기억하리라
>
>―「먼 훗날」 전문

시인은 오늘 하루가 다시는 돌아올 수가 없다는 것을 잘 알고 있다. 오늘이 내일을 부르는 것은 정해한 이치이다. 우리가 살아가야 하는데 오늘이 가장 중요함을 잘 알고 살아가고 있는 것이다.

먼 훗날 오늘은 아름다운 추억으로 기억될 것이다. 지금까지 걸어온 발자국 하나하나가 사연이고 그리움인 것이다.

>눈이 내린다
>첫눈이 내린다
>오지게도 내린다

하늘이 사람의 행태를 보다 못해
온 세상을 하얗게 덮었다
검고 더러운 것 미움도 원망도
잠시나마 하얗게 변했다

눈이 내린다
한나절 다 내린다
차디찬 겨울을 덮고 또 덮는다

졸다가 깬 새벽하늘 하현달
기지개 켜고 부스스 실눈 뜨며
살포시 웃는다.

—「첫눈」 전문

 첫눈이 내리면 마음이 푸근해진다. 농사도 잘될 것이며 무슨 일을 해도 풍부하게 잘 될 것으로 여겨진다. 눈이 오면 사람의 마음도 추위도 누그러진다.
 세상의 많은 더럽고 어지러운 일들을 하나같이 덮어버려서 깨끗한 세상이 만들어진다. 눈 내린 뒤 새벽하늘 하현달도 하얀 세상을 보니 좋은 모양이다.

어릴 적 한창시절
소풍 때 창피하여 구석에서
혼자 앉아 점심을 먹었다.

마지막으로

삶은 달걀 한 개
뺏길까 봐 주위를 돌아보고
껍질 벗겨서 먹으려는 순간
아뿔싸!
손에서 떨어져 산비탈로 굴렀다.

어머니의 따뜻한
사랑이 떨어져 굴렀다
순간 눈물이 주르륵 흘렀다
그때의 일이
지금도 잊히지 않는다

칠십이 가까워져 오는데
지금까지도 어머니께
말하지 못하고 있다.

―「삶은 달걀 한 개」 전문

  우리가 지금도 살아있다는 것만으로도 감사하게 느껴져야 한다. 그 때 그 시절은 누구나 다들 그런 어려운 시대에서 살다가 지금 이렇게 잘 살 수 있다는 것만으로도 우리는 고마운 일이다.
  소풍갔을 때는 점심도 못 싸온 아이들이 얼마나 많았는가? 김영기 시인은 그 때만 해도 잘살아가는 가문이었고 좋은 집안에서 살았다는 것을 의미하고 있는 것이다.
  그 때 그 일을 칠십이 다 되어가는 지금도 말 못한 사연으로 남아있다는 것은 어머니의 마음을 헤아린 것이다. 가난은 사람을 일찍 철들게 하나보다.

    앞동산에 해마다 찾아오는 너
    이른 봄 누구보다도
    일찍 어김없이 찾아왔다

    어릴 적 나는 너를
    무척이나 좋아했지
    너를 너무나 닮은 단발머리 그녀가
    한 묶음 건네줄 땐
    나는 순간 얼굴이 너만큼 붉어졌다

    올해도 앞동산에
    너는 흐드러지게 만발했다
    그녀가 화사한 모습으로
    찾아온 것만 같은 착각을 한다

    매년 이른 봄만 되면
    앞동산에는 그녀의 모습이
    아지랑이같이 피어오른다.

                  ―「진달래」 전문

  작품 「진달래」는 김영기 시인의 지난날 아름다운 추억을 발산한 작품이다. 그 옛날 봄날에 앞 뒷산 흐드러져 피던 진달래는 진달래가 아니라 참꽃이 아니셨는가 싶다.
    그 어릴 적 좋아했던 네가 참꽃 한 다발을 꺾어서 갔

다 준 그 순수한 너의 마음을 지금도 잊지 않고 생각하고 있는 시인의 마음은 살아가면서 항상 진달래가 흐드러져 피는 봄날일 것이다.

  어떤가? 매년 봄날일 때는 네가 생각나고 네가 생각날 때는 흐드러져 핀 진달래 한 다발 주던 네가 내 맘속에 찾아오니 시인의 마음도 봄날일 것이다.

    눈부시게 화창한 오월 어느 봄날
    흐드러지게 핀 하얀 모습

    온 산등성이 하얗게 물들이고
    고요한 산자락 길 향기로 덮어버렸네

    큰 산이 하나 가득 향기에 젖고
    행인도 향기에 취해 아득해가네

    주렁주렁 숨겨진 사랑
    진한 하얀빛 향수

              ―「아카시아꽃」 전문

  영주는 아카시아 꽃 주머니라고 한다. 옛날 박정희 대통령 당시 산이 너무나 헐벗어서 학생들도 4월이 되면 호미나 괭이를 들고 산마다 나무를 심으러 갔다. 그 때 아카시아 나무를 많이 심은 덕택으로 아름다운 산이 되고 벌꿀도 잘 먹고 살고 있는 것이다.

  지금 우리가 잘사는 것은 오직 한 분, 산마다 푸르게

만들고 쌀밥을 먹게 해준 그분 덕분이다.

   아카시아 나무는 온통 가시로 덮여있다. 꽃은 따서 튀겨도 먹고 설탕에 절여 차로도 마신다. 향기만큼 이름을 얻은 아카시아 꿀과 꽃가루는 우리에게 유익을 끼친다.

    비가 오는 날이면
    아내와 난
    자주 부침개를 만들어 먹는다

    주방 창가에 아내와 마주 앉아
    서로 얼굴을 바라보며
    김치전 배추전 호박전
    손으로 찢어 먹으면서
    막걸리 한잔 기울인다.

    우리는 그 옛날
    그리운 추억을 되살리며
    서로 두 손을 잡고
    말없이 생각에 잠긴다.

    그 추억은
    빗방울이 되어 창문에
    빗금으로 써 내려간다

              ―「비가 오는 날이면」 전문

   김영기 시인의 작품은 그 작품마다 우리가 살던 아픈

전설과 같은 이야기를 이끌어내는 시인이다. 잘못 읽으면 뭐 이상하고 코리타분한 노래 같다고 할 수 있을지도 모르나 이것이 우리의 진실된 노래이며 진솔한 시임을 알아야 한다.

비가 오면 빈대떡이나 붙여먹지? 라고 하던 바로 그 뒷이야기가 아닌가? 배추부침개를 만들어 먹는 날은 비 오는 날, 날씨가 궂은 날이다. 일하러 나가지 못하는 날이면 가족이 함께 그렇게 살아왔었다.

정말 가슴 아픈 날들을 떠올리게 하는 김영기 시인은 정말로 시인이다.

> 세월이 빠른 줄 알고는 있었지만
> 세월도 지나고 나니 잠깐이요
>
> 잡을 수도 없고 잡히지도 않는
> 세월 탓만 하다가 그렇게 무심한
> 세월이 점점 흘러가네
>
> 삶이란
> 무엇인가 그런 것인가?
>
> 오늘도
> 또 세월 탓만 하네
>
> ―「세월 탓」 전문

언제 우리가 나이를 이렇게 먹었는가 하면서 헤아리

다보니 또 한 살을 넘기고 있다. 세월이 너무 빨리 지나가는 것을 느끼게 된다.

고장 난 벽시계의 노래가사가 생각이 난다. 잡을 수도 없고 잡히지도 아니하는 그는 누구인가?

삶이란 세월 따라 흘러가는 것이다. 오늘이, 내일이, 모레가 연이어지는 것 그것이 바로 세월이라는 걸 시인은 알고 있는 것이다.

굽이굽이 돌아
육십 리길 고갯마루에
지는 해 걸어 놓고 가끔 지나가는
자동차 소리가 적막을 깰 뿐
흰 구름만 경상도 충청도를
자유로이 넘나든다.

그 옛날
명성 높던 시절
고속도로에 밀려나고
고개 주막엔 달과 별들이 내려와
이야기 꽃피우고 밤을 지새운다.

사과 향기 인삼 내음 그윽한
산마루 우뚝 선 장승은
지난 세월을 품고
세찬 바람에 늙어가고 있다.

—「죽령竹嶺」 전문

우리가 '죽령'하면 영주를 이르는 말이고 영주하면 죽령을 떠올리게 된다. 지금은 고속도로 터널로 이어지는 빠른 길 때문에 밀려서 달라졌지만 소백산과 죽령은 영주 사람들이면 누구나 마음의 고향 같은 곳이고 항상 마음속에 살아있는 그림인 것이다.

죽령의 우뚝 선 장승을 보면서 옛 명성을 찾아서 사과 향기와 인삼 냄새들이 가득한 고장 우리의 본향을 생각한다. 죽령을 통해 넘어오는 바람은 하염없이 불어오지만 어디가나 그 바람은 풍기에 머물고 머문 바람은 인삼 고랑마다 하나 가득 인삼을 길러내면서 풍기의 부를 가져왔다.

또 하나의 바람은 사과바람이다. 올해 같은 금사과 값은 풍기를 더욱 빛내주면서 풍부한 멋진 바람으로 옮겨가고 있음을 알고 있을 것이다.

우리 집 앞 2층 병원은
정신 장애인 종합병원

금연 치료 환자 알코올중독 환자
치매 환자
불면증 환자 우울증 환자
조울증 환자 조현병 환자
불안장애 환자 공황장애 환자 등

아침저녁 매일 마주친다
하루는 곰곰이 생각해 보았다

나는 무슨 환자일까
세상살이와 아옹다옹 싸우는
인생 정신병 환자

─「인생 정신병 환자」 전문

우리의 세상살이는 이런저런 고비 탓에 자신이 정상인이라는 것을 잊어버리고 생활할 때가 있다. 특히 나이가 들면 더더욱 그런 느낌을 받는다.

하루에도 몇 번인가 실수를 하고 나서 내가 정상인이 맞는가? 스스로에게 물어보곤 한다. 술을 마시고 잘못하는 일, 담배를 피우면서 잘못하는 일, 불면증, 우울증 등등의 일들이 우리 앞을 가로 막고 서 있다.

좀 심하게 말하면 정신병자로 들어가는 기초단계로 보고 있다. 어떻게 살아야 한세상 잘 지나갈지 걱정스럽다.

화려하지도 않고
천박하지도 않은
맑은 밤하늘에
떠오르는 보름달
방긋 웃는
달님 걸고 맺은 사랑

저 보름달을 보며
두 손을 잡고
속사이던 그 말
"사랑의 보름달"

하얗게 맑은 그 마음

항상 잊지 않으리
진실한 사랑을
까마득한 먼 날이라도
차마
저 보름달을 두고
내 어이 잊으랴!

―「보름달 사랑」전문

 미국에 가 있는 제자 한 분이 나에게 메시지를 보내온다. 거기와 여기는 항상 다섯 시간 차이로 밤과 낮을 구분하고 있다.
 달밤에 그것도 보름달을 보면서 달이 매우 밝습니다. 하면 나는 해가 났는데 무슨 보름달이야. 하다가 거기도 밤에는 보름달을 보는구나. 지구가 둥글다는 것을 증명해주는 상황임을 알게 된다.
 사랑은 보름달처럼 아낌없이 밝음을 안겨주는 것이라고들 한다. 언제나 그 사랑의 아름다움을 잃지 않고 나누는 우리 모두가 되어야겠다.
 이상 김영기 시인의 시를 읽어 보았다.

 시인의 눈은 자면서도 항상 눈을 뜨고 있어야 하고, 걸어가면서도 한 세계를 그리면서 걸어야 하고, 머릿속에는 항상 깨어있는 맑은 하늘이어야 한다. 시인이 한 작품을 구상할 때에는 보통 독자들의 생각이 미치지 않는 곳까지 헤아려서 글을 써야한다.

  좋은 작품은 어렵고 힘든 생활이나 삶의 절실함 속에서 빚어진다. 그래서 독자들의 마음과 정신을 사로잡는다. 아무리 좋은 미사여구美辭麗句라도 그 속에 절실한 생활이 없고, 눈물과 한숨이 없고, 진실과 그것의 아픔이 없으면 공감과 공명共鳴을 얻어낼 수가 없는 것이다.[2]

  시인이 한 작품을 빚어내는 데에는 그 시인의 사상과 생각과 고뇌와 살아온 삶의 정서가 묻어나는 법이다. 현대시에 발표되는 김 시인의 작품들이 날로 좋은 토양과 햇살을 받아 소생되는 생물체와 같이 더욱 활성화 되어가고 있음을 보았다. 낱말 하나를 쓰더라도 적재적소에 앉히고 있음을 작품을 통해 만나 볼 수 있었다.

  시인은 작품에 대하여 침잠할 수 있어야 하고 시인 자신이 고민하면서 언어를 조리할 수 있어야 한다. 생각을 꾸준히 해나가는 습관도 들여야 한다. 또한 꾸준히 창작활동을 할 수 있는 끈끈한 마음가짐도 갖고 있어야 한다. 김영기 시인은 참 부지런한 사람이다. 분주한 생활 속에서도 작품을 빚는데 소홀함이 없다. 앞으로 더 좋은 창작 활동이 이어질 것이라 굳게 믿는 바이다.

---

2) 박영교, 『시와 독자사이』(도서출판 청솔. 2001) p. 222.

문학세계대표작가선 1010

칼국수 한 그릇의 행복

김영기 제2시집

인쇄 1판 1쇄   2024년 3월 5일
발행 1판 1쇄   2024년 3월 12일

지 은 이 : 김영기
펴 낸 이 : 김천우
펴 낸 곳 : 문학세계 출판부 / 도서출판 천우
등   록 : 1992. 2. 15. 제1-1307호
주   소 : 서울시 광진구 구의강변로 85 강우빌딩 7F
전   화 : 02)2298-7661
팩   스 : 02)2298-7665
http://cafe.naver.com/chunwu777
E-mail : cw7661@naver.com

ⓒ 김영기, 2024.

값 15,000원

＊도서출판 천우와 저자의 서면 동의 없는 무단 전재 및 복제를 금합니다.
＊저자와의 협의에 따라 인지는 생략합니다.

ISBN 978-89-7954-920-1